3. Auflage
© 2020 VIEL & MEHR e.V.
Alle Rechte vorbehalten.

ISBN 978-3-945596-07-4

Text: Cai Schmitz-Weicht
Illustrationen: Ka Schmitz

Übersetzung:
Todd Dennie

Satz:
Toni Beschorner, Servusgrafik

Druck & Bindung:
druckhaus köthen GmbH & Co. KG
Printed in Germany

www.vielundmehr.de

in Kooperation mit der

Zu diesem Buch gibt es pädagogisches Begleitmaterial, das in
Kooperation mit dem Institut für den Situationsansatz ISTA - Fachstelle Kinderwelten
von Gabriele Koné und Ilka Wagner erstellt wurde.

Kostenloser Download unter: www.vielundmehr.de/bilderbuecher/esst-ihr-gras-oder-raupen

ESST IHR GRAS ODER RAUPEN?

DO YOU EAT GRASS OR CATERPILLARS?

Ein Buch über Familien, übers Streiten & Zuhören.

A book about families, arguing and listening.

Text: Cai Schmitz-Weicht

Bilder: Ka Schmitz

Das sind Mikolaj, Mara, Yasemin, Lenny und Tariq.
Sie wollen im Hof Verstecken spielen.
Plötzlich hören sie Stimmen.
Die Kinder schleichen sich an
und entdecken im Gebüsch zwei kleine Gestalten.
Sie haben spitze Ohren und Flügel auf dem Rücken
und streiten so laut, dass Yasemin sich die Ohren zuhält.
„Du matschiger Müllhaufen!"
„Du vertrockneter Baumpilz!"
„Du verbohrte Kopfgurke!"
Jetzt fangen sie an, sich an den Haaren zu ziehen.
„Ey, Haareziehen darf man nicht!", sagt Mara laut.
Erschrocken halten die beiden inne.
„Wir wurden entdeckt!", ruft der eine.
„Das ist deine Schuld, du Schrumpfnudel!"

This is Mikolaj, Mara, Yasemin, Lenny and Tariq.
They want to play hide-and-seek in the courtyard.
Suddenly, they hear voices. The kids sneak up
and discover two small figures in the bushes.
They have pointy ears and wings on their backs
and are arguing so loudly that Yasemin covers
her ears with her hands.
"You're a muddy heap of rubbish!"
"You're a dried-up tree fungus!"
"You're a stubborn potato-head!"
Then they begin pulling each other's hair.
"Hey, pulling hair isn't allowed!" Mara says loudly.
Startled, both pause.
"We've been discovered," shouts one.
"This is your fault, you lummox-head!"

„Wer seid ihr überhaupt?", fragt Mikolaj. „Und warum streitet ihr euch so?"
„Ich bin Welberich und das ist Wendibert. Wir erforschen Sachen.
Dann schreiben wir dicke Bücher darüber und die kommen in die Elfenbibliothek.
Im Moment erforschen wir Menschen und ihre Familien."
„Und warum streitet ihr euch?"
„Weil dieser Mückenkopf behauptet, Menschenfamilien wären wie Ameisen.
Viele Erwachsene und ganz viele Kinder in riesigen Häusern."
„Und du Spinatpups glaubst immer noch, Menschen wären wie Rehe.
Wo die Mutter ihr Kind allein im Gebüsch liegen lässt."

"Who are you, anyway?" asks Mikolaj. "And why are you arguing like that?"
"I'm Welberich and that's Wendibert. We look into matters.
Then we write big books about them which are stored in the elves' library.
At the moment we are investigating humans and their families."
"Why are you arguing?"
"Because this lug-head says that human families are like ants.
Lots of adults and lots and lots of children living in huge houses."
"And you, spinach parp, still think people are like deer,
with a single mother leaving her child alone in the bushes."

„Moment mal, ihr seid doch Menschen!", ruft Wendibert.
„Also, wer von uns beiden hat recht?
Wie sind denn nun Menschenfamilien?"
Die Kinder schauen sich ratlos an.
„Ich weiß gar nicht genau, wie Rehe und Ameisen leben",
sagt Mikolaj nachdenklich. Und Lenny ruft laut:
„Es gibt doch ganz verschiedene Familien!"
„Verschiedene?" Die Elfen schauen die Kinder ungläubig an.
„Na gut. Dann machen wir jetzt eine Forschung. Jedes Kind
erklärt uns seine Familie und dann sehen wir, wer recht hat."
„O.k.", sagt Mikolaj, „ich fang an."

"Wait a minute … you are humans!" cries Wendibert.
"So, which of us is right? What are human families like?"
The children look at one another, puzzled.
"I don't really know how deer and ants live,"
Mikolaj says thoughtfully. Then Lenny calls out:
"There are all sorts of families!"
"All sorts?" The elves look at the kids in disbelief.
"Right, then we'll look into the matter.
Each child should describe his family
and then we'll see who's right."
"Okay," says Mikolaj. "I'll start."

Mit kleinen Stöckchen legt er seine Familie auf den Boden.
„Also, ich bin Mikolaj, ich bin fünf. Und das ist meine Mama."
„Ich habe es ja gesagt!", trötet Welberich dazwischen.
„Eine Mama und ein Kind. Wie die Rehe."
„Hey, lass ihn doch ausreden!", sagt Mara.
„Sollen wir euch helfen oder nicht?" Mikolaj erklärt weiter:
„Das ist meine Mama und das ist mein Papa. Die beiden haben
sich irgendwann verliebt und wollten Kinder. Da haben sie
meine Schwester Alicja bekommen und dann mich.
Als Babys sind wir in Mamas Bauch gewachsen."

He lays out little sticks on the ground
to show the members of his family.
"So, I'm Mikolaj. I'm five. And that's my mom."
"I told you so!" Welberich cries out, interrupting him.
"Mother and child. Just like deer."
"Hey, let him finish!" says Mara.
"Do you want our help or not?"
Mikolaj continues his explanation:
"This is my mom and this is my dad.
They fell in love and wanted to have kids.
They had my sister Alicja and then me.
Before we were born, we grew in my mom's belly."

„Und wer ist der Mensch mit den Rollbeinen?",
kräht Wendibert dazwischen.
„Das ist meine Oma. Sie wohnt bei uns. Und das ist ein Rollstuhl.
Wenn ich nicht mehr laufen mag, kann ich auf ihrem Schoß fahren."
„Und kriegt ihr Gras zu essen? Oder Raupen?"
„Nein, Gras und Raupen essen wir nicht.
Wir essen Suppe und Pfannkuchen zum Beispiel. Oder Pierogi."
„Also ich hatte recht, du Fliegenrüssel",
fängt Welberich schon wieder an. „Fast wie die Rehe!"
„Nun wartet doch mal!", ruft Lenny.
„Erst kommen doch die anderen noch dran!"

"And who is the person with the rolling legs?"
Wendibert crows.
"That's my grandma. She lives with us.
And that's her wheelchair. When I get tired of walking,
I can sit on her lap."
"Do you eat grass? Or caterpillars?"
"We don't eat grass and caterpillars.
We eat soup and pancakes, for example. Or pierogi."
"So I was right, you nitwit," Welberich starts up again.
"Almost like deer!"
"Now wait a minute!" shouts Lenny.
"Let the others have their chance to explain!"

Mara macht weiter.
Sie legt viele kleine Rindenstücke auf den Boden.
„Also ich bin Mara, ich bin sieben.
Und das sind die ganzen Leute von meiner Familie."
„Ätsch! Du Minimücke", zischt Wendibert
seinem Kollegen zu, „wie bei den Ameisen!"
„Ruhe!", ruft Mara und erklärt weiter:
„Das hier ist mein Papa. Und das sind meine
großen Geschwister. Fünf habe ich.
Manche haben eine andere Mama oder
einen anderen Papa als ich."
„Ich weiß was", ruft Tariq dazwischen,
„das heißt Halbgeschwister!"
Mara zuckt die Schultern.
„Also ich sage einfach Geschwister.
Sonst hört es sich an, als wären die nur halb oder so."

Mara continues.
She places many small pieces of bark on the ground.
"I'm Mara, and I'm seven.
And these are all the people in my family."
"Take that, you midge," Wendibert hisses at his colleague.
"Just like ants!"
"Pipe down!" Mara cries and continues:
"This is my dad. And these are my older siblings. I have five.
Some have a different mom or a different dad than I do."
"I know what they are," Tariq pipes up.
"They're your half-siblings!"
Mara shrugs.
"I just say 'siblings'.
Otherwise it sounds like they're just half of something."

„Das hier sind Lisa und Finn, die wohnen bei Papa und mir.
Die anderen drei sind schon erwachsen.
Mein ältester Bruder hat sich in eine Frau verliebt und mit
ihr ein Kind bekommen, die Sophie.
Von Sophie bin ich die Tante. Und meine Schwester Julia
hat sich auch in eine Frau verliebt und mit ihr ein Kind
bekommen, die Nele. Von Nele bin ich auch die Tante."
„Du bist eine Tante?", fragt Tariq.
Verwirrt schaut er auf die Rindenstücke.
„Und wo ist deine Mama?"
„Meine Mama ist ein Engel.
Die passt vom Himmel auf mich auf."
„Und wenn ihr so viele seid wie Ameisen,
esst ihr dann auch Raupen?", fragt Wendibert hoffnungsvoll.
„Igitt, nein! Wir essen höchstens Spaghetti.
Und Gummiwürmer."
Jetzt schütteln sich die Elfen.
Gummiwürmer? Das klingt ja wie Plastik essen.

"This is Lisa and this is Finn, who live with Dad and me.
My other three siblings are already grown up.
My oldest brother fell in love with a woman and had a child
with her, Sophie. That makes me Sophie's aunt.
And my sister Julia also fell in love with a woman and
had a child with her named Nele. I'm also Nele's aunt."
"You're an aunt?" asks Tariq.
He looks at the pieces of bark with a confused expression.
"And where is your mom?"
"My mom is an angel. She looks down on me from heaven."
"And if your family has so many members like ants,
do you eat caterpillars?" Wendibert asks hopefully.
"Ugh, no! Sometimes we eat spaghetti. And gummi worms."
Now the elves shake with laughter.
Gummi worms? That sounds like eating plastic.

Yasemin legt ihre Familie aus grünen Blättern auf den Boden.
„Ich bin Yasemin. Ich werde bald vier. Das sind Papa Kemal und Mama Annika.
Die sind auch verliebt. Und dann ist da noch meine Bauchmama."
„Ist das die Rehmama?", ruft Welberich dazwischen.
„Esst ihr Gras und Blätter zu Hause?"
„Jetzt sei doch still!", schimpft Mara.
„Wie soll sie das denn erklären, wenn du sie dauernd unterbrichst?"
„Störnudel, Stinkpudel!", ruft Wendibert dazwischen. „Ruhe!"

Yasemin uses green leaves on the ground to show her family.
"I'm Yasemin. I'm almost four. That's my Papa Kemal and my Mama An-
nika. They're also in love. And then there's also my birth mother,
who gave birth to me."
"Is that the deer mother?" Welberich interrupts.
"Do you eat grass and leaves at home?"
"Now, just be quiet," Mara yells at him.
"How is she supposed to explain when you
keep interrupting her?"
"Pipsqueak, pipsqueak," cries out Wendibert.
"Quiet!"

PAPA KEMAL

YASEMIN

MAMA ANNIKA

BAUCHMAMA

Yasemin atmet tief durch.
Sie will sich nicht durcheinanderbringen lassen.
„Wir essen kein Gras und keine Blätter. Außer Salat.
Und Pizza essen wir noch und Pommes und Köfte und
viele andere Sachen. Bei meiner Bauchmama bin ich
im Bauch gewachsen. Jetzt wohne ich bei Papa Kemal und
Mama Annika. Sie freuen sich, dass ich bei ihnen bin.
Sie sagen, sie haben mich lieb für immer. So ist das."

Yasemin takes a deep breath.
She doesn't want to get confused.
"We don't eat grass or leaves. Except for salad.
And we eat pizza and fries and even kofta and
many other things. I grew in the belly of my birth mother.
Now I live with Papa Kemal and Mama Annika.
They're happy that I live with them.
They say they'll love me forever.
That's how it is."

Bevor die Elfen wieder losstreiten können, macht Lenny weiter.
Lenny hat immer Steine und Murmeln in den Taschen.
Daraus wird jetzt eine Familie.
„Ich heiße Lena. Aber lieber Lenny. Alle nennen mich Lenny.
Meine zwei Brüder sind kleiner als ich. Und hier sind meine Eltern,
Katja und Flo. Katja ist lesbisch, sie verliebt sich in Frauen.
Und Flo ist schwul, der verliebt sich in Männer.
Katja und Flo wollten zusammen Kinder haben.
Das heißt dann Regenbogenfamilie. Schön nicht?"

Before the elves can start arguing again, Lenny continues.
Lenny's pockets are always filled with stones and marbles,
which are now turned into a family.
"My name is Lena. But I like being called Lenny.
Everyone calls me that. My two brothers are smaller than me.
And here are my parents, Katja and Flo.
Katja is a lesbian, she loves other women.
And Flo is gay, he falls in love with men.
Katja and Flo wanted to have children together.
We're called a rainbow family. Nice, isn't it?"

„Wir wohnen immer abwechselnd eine Woche
bei Mama und eine Woche bei Papa."
„Und wo ist dann Euer Zimmer?",
fragt Tariq, der sich das nicht richtig vorstellen kann.
„Wir haben mehrere Zimmer. Bei Mama teilen wir Kinder
uns eins und bei Papa habe ich ein eigenes.
Papas Freund Thomas wohnt auch mit da.
Thomas ist wie ein Extra-Papa. Er ist super nett.
Wenn ich heimlich Schokolade aus dem Küchenschrank hole,
sagt er einfach: ‚Mach nur. Hauptsache, du lässt mir was übrig.'
Mama und Papa sind viel strenger."

"We always stay one week at Mom's and one week at Dad's."
"And where is your room?" asks Tariq, who can't really imagine it.
"We have several rooms. At Mom's place, the kids share a room,
and at Dad's I have my own. Dad's boyfriend Thomas also lives there.
Thomas is like an extra dad. He's really nice.
If I secretly take chocolate from the kitchen cupboard, he just says,
"Go ahead. As long as you leave me some."
Mom and Dad are much stricter."

Welberich guckt die Kinder schlecht gelaunt an.
„Was sind denn das für komische Familien!
Mehrere Zimmer, Kindertanten, Extra-Papas und Gummiwürmer.
Blödsinn ist das. Fauliges Bohnenstroh und stinkender Schimmelpilz.
 Ihr habt doch gar keine Ahnung von Menschen!"
„Willst du an unseren Familien rummäkeln?", unterbricht ihn Lenny.
„Du bist ja nur neidisch, du du du…"

Welberich looks at the kids with a grouchy expression.
"What strange families you all have!
Different rooms, child aunts, extra dads and gummi worms.
It's all gibberish, moldy straw and smelly mildew.
You don't have a clue about humans!"
"Are you criticizing our families?" Lenny interrupts him.
"You're just jealous, you you you…"

Bevor Lenny ein richtig schlimmes Schimpfwort einfällt,
sprudelt Tariq los: „Jetzt bin ich dran, jetzt bin aber ich dran!"
Er kann es kaum noch abwarten.
„Das geht auch ganz schnell, weil meine Familie ja klein ist, guckt:
Ich bin der Tariq. Und schaut: Hier ist Noura, das ist meine Mama.
Mama und ich. Und Mina, die Katze. Als ich einen Babybruder wollte,
hat Mama nein gesagt. Aber eine Katze hat sie erlaubt. Toll nicht?
Zu Hause ist noch Leyla, die wohnt mit bei uns. Das heißt dann WG.
Manchmal spricht sie mit Mama Französisch, damit ich nichts verstehe.
Das ist gemein, oder?"

Before Lenny can think of a really bad word,
Tariq pipes up: "It's my turn, it's my turn!"
He can hardly wait.
"It will go really quickly, because my family is small.
Look: I'm Tariq. And look: this is Noura, she's my mom.
Just mom and me. And Mina, the cat.
When I wanted a baby brother, Mom said no.
But she did allow me to have a cat. Cool, right?
Leyla also lives with us. We share an apartment.
Sometimes she talks to Mom in French,
so I can't understand anything. That's mean, right?"

Welberich quietscht aufgeregt dazwischen.

„Da, die Rehfamilie, Mama und Kind, ich habe es gewusst!

Esst ihr zu Hause Gras? Und lässt deine Mutter dich allein im Gebüsch liegen?"

Tariq zieht die Stirn in Falten. Er versteht nicht, was Welberich von ihm will.

Im Gebüsch liegen lassen?

„Niemals lässt mich Noura irgendwo liegen! Wenn ich hinfalle,

dann kommt sie und tröstet mich! Das ist doch klar!"

Jetzt mischt Mara sich ein.

„Hört doch mal auf mit dem Rehe- und Ameisenquatsch.

Ihr habt es doch gehört. Menschenfamilien sind total verschieden!"

Welberich squeals excitedly.

"Look, it's the deer family, mother and child. I knew it!

Do you eat grass at home? And does your mother leave you in the bushes?"

Tariq has a puzzled expression. He doesn't understand

what Welberich is talking about. Leave him in the bushes?

"Noura never leaves me lying anywhere!

If I fall, then she comes and comforts me! Of course she always does!"

Now Mara weighs in. "Stop talking about all that deer and ant nonsense.

You've already heard our stories. There are all sorts of human families!"

„Verschieden, verschieden!", schimpft Welberich laut.
Was sollen wir denn da in unser Buch schreiben?
Wahrscheinlich habt ihr euch das nur ausgedacht.
Ihr bösartigen Gummifresser! Ihr kleinen Mistkäfer!
Aber ich kenne die Wahrheit!
Menschenfamilien sind wie Rehe, das ist es. Genau so!"
„Unsinn!", widerspricht Wendibert.
„Es ist wie bei den Ameisen und ich hatte Recht,
du fliegende Rotzmorchel!"
„Gar nicht, du muffliger Furzklumpen!"
„Selber Furzklumpen, du Schlammnase!"
„Nasenpupser!"
„Schleimdrache!"
„Kotzgurke!"
„Dingsbums!"

"All sorts!" Welberich grumbles loudly.
So what are we supposed to write in our book?
You probably just thought all this up.
You're just a mean-spirited gummi worm eater!
A little dung beetle! But I know the truth!
Human families are like deer, that's how it is.
They're just like deer!"
"Baloney!" Wendibert contradicts him.
"They're like ants, and I was right,
you flying snot rag!"
"No, you're wrong, you grumpy turd breath!"
"You're the turd breath, you pea brain!"
"Bottom burp!"
"Slime dragon!"
"Sour pickle!"
"Thingamajig!"

Die Kinder starren die Elfen an, die sich genauso laut streiten wie am Anfang.
„Wozu haben wir uns überhaupt die Mühe gemacht, euch alles zu erklären?",
ruft Lenny wütend. „Ihr habt uns ja nicht mal zugehört! Ihr sturen Schubladenköpfe!"
Die beiden hören auch jetzt nicht zu, sondern verschwinden schimpfend
hinter den Sträuchern.

Plötzlich fängt Mikolaj an zu lachen.
„Die wollen uns erforschen! Und können nicht mal zuhören!
Und nennen sich Schleimdrache und Kotzgurke und Dingsbums!"
Nach und nach fangen auch die anderen an zu kichern. Sie laufen lachend über den
Rasen, bis sie ganz außer Atem sind. Und dann spielen sie endlich Verstecken.

The kids stare at the elves. They're arguing as loudly as in the beginning.
"Why did we even take the trouble to explain everything?"
Lenny asks angrily. "You didn't even listen to us!
You're like stubborn old door handles!"
The pair doesn't hear her, as they've disappeared
behind some shrubs, grumbling.

Suddenly Mikolaj begins to laugh.
"They wanted to find out more about us! And they can't even listen!
And they call one another 'slime dragon' and 'sour pickle' and 'thingamajig'!"
Little by little, the others also start giggling. They run across the lawn, laughing,
until they are all out of breath. And then they finally play hide-and-seek.